# 目录 Contents

**项目一　检修制度** ……………………………………………… 1
　任务一　查找轨道车辆故障 ……………………………………… 1
　任务二　制定轨道车辆维修制度 ………………………………… 3
　任务三　保障轨道车辆检修安全生产 …………………………… 5
　任务四　建立检修管理体制 ……………………………………… 7

**项目二　检修工艺** ……………………………………………… 9
　任务一　鉴定零部件损伤 ………………………………………… 9
　任务二　制定工艺流程 …………………………………………… 11
　任务三　分解与装配轨道车辆 …………………………………… 13
　任务四　清洗轨道车辆 …………………………………………… 15
　任务五　检测轨道车辆零部件 …………………………………… 17
　任务六　修复零部件 ……………………………………………… 19

**项目三　检修设施与设备** ……………………………………… 21
　任务一　选择轨道车辆检修常用工具 …………………………… 21
　任务二　使用轨道车辆检修基础设备 …………………………… 23
　任务三　操作轨道车辆检修专用设备 …………………………… 25
　任务四　识别轨道车辆检修基础设施 …………………………… 27

**项目四　轨道车辆检修修程** …………………………………… 29
　任务一　轨道车辆日常检修 ……………………………………… 29
　任务二　轨道车辆定期检修 ……………………………………… 31
　任务三　轨道车辆临时检修 ……………………………………… 33

## 项目五　机械部件检修　　35

　　任务一　检修车体…………………………………………………………35
　　任务二　检修车门…………………………………………………………37
　　任务三　检修车钩…………………………………………………………39
　　任务四　检修转向架………………………………………………………41
　　任务五　检修制动系统……………………………………………………43

## 项目六　电气部件检修　　45

　　任务一　检修牵引逆变器…………………………………………………45
　　任务二　检修辅助逆变器…………………………………………………47
　　任务三　检修牵引电动机…………………………………………………49
　　任务四　检修受流装置……………………………………………………51
　　任务五　检修制动电阻器…………………………………………………53
　　任务六　检修空调…………………………………………………………55

职业教育 城市轨道交通 专业教材

# 轨道车辆检修
# 工作手册

张庆玲　吕　娜　主编
彭　晶　王　洋　代　兵　副主编

# 项目一　检修制度

## 任务一　查找轨道车辆故障

　工作任务

**任务名称：设计可靠性方案**

工作任务单

| 姓名 | | 班级 | | 学号 | |
|---|---|---|---|---|---|
| **任务准备：**<br>1. 查找的轨道车辆故障的意义是什么？<br>2. 可靠性的定义是什么？<br>3. 可靠性的度量方法有哪些？<br>4. 可靠性设计的定义是什么？<br>5. 可靠性设计的环节有哪些？ ||||||
| **实训操作：**<br>请制定设计轨道车辆零部件的可靠性方案。 ||||||
| 成绩评定 | 基础能力 | 操作能力 | 沟通能力 | 协作能力 ||
| | | | | ||
| 任务点评 | |||||
| 操作者 | | 指导教师 | | 日期 | |

工作日志

## 任务二 制定轨道车辆维修制度

任务名称：探索判断机件使用寿命的方法

工作任务单

| 姓名 | | 班级 | | 学号 | |
|---|---|---|---|---|---|
| 任务准备：<br>1. 使用寿命与使用期限的区别有哪些？<br>2. 如何判断零部件的使用期限？<br>3. 如何计算零部件的使用期限？<br>4. 如何确定零部件的使用寿命？ ||||||
| 实训操作：<br>请探索判断轴承配合件使用寿命的方法。 ||||||
| 成绩评定 | 基础能力 || 操作能力 | 沟通能力 | 协作能力 |
|  |  ||  |  |  |
| 任务点评 |||||| 
| 操作者 | | 指导教师 | | 日期 | |

 工作日志

项目一　检修制度

## 任务三　保障轨道车辆检修安全生产

📖 **工作任务**

### 任务名称：编制安全培训内容

工作任务单

| 姓名 | | 班级 | | 学号 | |
|---|---|---|---|---|---|
| 任务准备：<br>1. 安全生产的定义是什么？<br>2. 安全生产管理原理有哪些？<br>3. 我国安全生产方针是什么？<br>4. 安全管理构建方法有哪些？ ||||||
| 实训操作：<br>请撰写轨道车辆维修中心安全培训层级及内容。 ||||||
| 成绩评定 | 基础能力 | | 操作能力 | | 沟通能力 | | 协作能力 |
| 任务点评 | |||||
| 操作者 | | 指导教师 | | 日期 | |

 工作日志

## 任务四　建立检修管理体制

### 工作任务

**任务名称：设计生产实习任务书**

工作任务单

| 姓名 | | 班级 | | 学号 | |
|---|---|---|---|---|---|
| 任务准备： ||||||
| 1. 轨道车辆检修的工作范围有哪些？ ||||||
| 2. 轨道车辆检修工作的管理模式有哪些？ ||||||
| 3. 轨道车辆互换修的优点是什么？ ||||||
| 4. 轨道车辆检修场地有哪些？ ||||||
| 实训操作： ||||||
| 请依据实习现状，设计生产实习任务书。 ||||||

| 成绩评定 | 基础能力 | | 操作能力 | | 沟通能力 | | 协作能力 | |
|---|---|---|---|---|---|---|---|---|
| 任务点评 ||||||||| 
| 操作者 | | 指导教师 | | 日期 | |

 工作日志

# 项目二 检修工艺

## 任务一 鉴定零部件损伤

 **工作任务**

**任务名称：检验零部件的损伤形式**

### 工作任务单

| 姓名 |  | 班级 |  | 学号 |  |
|---|---|---|---|---|---|

**任务准备：**
1. 轨道车辆上常见的零部件损伤有哪些？
2. 影响零部件磨损的因素是什么？
3. 零部件产生断裂的原因有哪些？如何减轻断裂损伤的发生？
4. 简述零部件磨损的形式及轨道车辆零部件的磨损规律。
5. 零部件的腐蚀有哪些类型？简述减轻零部件腐蚀的措施。

**实训操作：**
请以轨道车辆为原型，完成列车零部件损伤的日常鉴别，并填入下表。

| 序号 | 检查部件 | 检查内容 | 质量标准 | 备注 |
|---|---|---|---|---|
| 1 | 转向架 |  |  |  |
| 2 | 车底 |  |  |  |
| 3 | 车体 |  |  |  |
| 4 | 车顶 |  |  |  |

| 成绩评定 | 基础能力 | 操作能力 | 沟通能力 | 协作能力 |
|---|---|---|---|---|
|  |  |  |  |  |

| 任务点评 | |
|---|---|

| 操作者 |  | 指导教师 |  | 日期 |  |
|---|---|---|---|---|---|

工作日志

项目二　检修工艺

## 任务二　制定工艺流程

### 工作任务

### 任务名称：制定工艺流程

工作任务单

| 姓名 | | 班级 | | 学号 | |
|---|---|---|---|---|---|

**任务准备：**
1. 简述检修工艺过程的定义及组成。
2. 维修工序的特点是什么？
3. 确定轨道车辆检修工艺规程的原则有哪些？
4. 工艺基础工作有哪些内容？
5. 确定维修工序的原则是什么？

**实训操作：**
请根据掌握的检修工艺规程填写下面的现车维修工艺表。

| 序　号 | 项　　目 | 检 修 内 容 | 技 术 要 求 | 备　　注 |
|---|---|---|---|---|
| 1 | 轨道车辆分解 | | | |
| 2 | 部件分解 | | | |
| 3 | 零件清洗 | | | |
| 4 | 零件检查、分类 | | | |
| 5 | 零件维修 | | | |
| 6 | 部件组装 | | | |
| 7 | 轨道车辆装配 | | | |
| 8 | 列车调试 | | | |

| 成绩评定 | 基础能力 | | 操作能力 | | 沟通能力 | | 协作能力 | |
|---|---|---|---|---|---|---|---|---|
| 任务点评 | | | | | | | | |
| 操作者 | | 指导教师 | | 日期 | |

工作日志

## 任务三　分解与装配轨道车辆

### 工作任务

任务名称：分解与装配轨道车辆

工作任务单

| 姓名 | | 班级 | | 学号 | |
|---|---|---|---|---|---|

**任务准备：**
1. 轨道车辆及部件分解时的一般原则和要求是什么？
2. 轨道车辆装配时需要注意的要点是什么？
3. 常用的拆卸方法有哪些？分别适用于什么样的部件？

**实训操作：**
请以轨道车辆为原型，完成轨道车辆的分解工作，并填入下表。

| 序号 | 项目 | 内容 | 工具材料 | 技术要求 | 备注 |
|---|---|---|---|---|---|
| 1 | 轨道车辆的解钩 | | | | |
| 2 | 轨道车辆的吹扫 | | | | |
| 3 | 转向架的拆卸 | | | | |
| 4 | 车体运送和定位 | | | | |

| 成绩评定 | 基础能力 | 操作能力 | 沟通能力 | 协作能力 |
|---|---|---|---|---|
| 任务点评 | | | | |
| 操作者 | | 指导教师 | | 日期 | |

轨道车辆检修

 工作日志

## 任务四　清洗轨道车辆

### 工作任务

### 任务名称：清洗车辆零部件

工作任务单

| 姓名 | | 班级 | | 学号 | |
|---|---|---|---|---|---|
| 任务准备： | | | | | |
| 1. 轨道车辆零部件清洗有哪些主要方法？ | | | | | |
| 2. 简述各种清洗方法的适用范围。 | | | | | |
| 3. 常见的清洗剂都有哪些？有哪些优缺点？ | | | | | |
| 实训操作： | | | | | |
| 请根据轨道车辆的清洗操作，完成下表的填写。 | | | | | |
| 序号 | 清洗部位 | 主要污垢 | | 清洗剂 | 备注 |
| 1 | 车厢侧面 | | | | |
| 2 | 车厢内部 | | | | |
| 3 | 车顶 | | | | |
| 4 | 轮对 | | | | |
| 5 | 牵引缓冲装置 | | | | |
| 成绩评定 | 基础能力 | | 操作能力 | 沟通能力 | 协作能力 |
| | | | | | |
| 任务点评 | | | | | |
| 操作者 | | 指导教师 | | 日期 | |

 工作日志

项目二 检修工艺

## 任务五　检测轨道车辆零部件

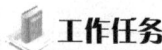

### 任务名称：轨道车辆零部件的无损检测

工作任务单

| 姓名 | | 班级 | | 学号 | |
|---|---|---|---|---|---|
| 任务准备： <br> 1. 零部件检验的内容有哪些？ <br> 2. 简述各检验方法的用途。 <br> 3. 荧光探伤法的工作原理是怎样的？ <br> 4. 电磁探伤一般用于什么样的零部件上？ <br> 5. 哪些零部件优先选用射线探伤？哪些零部件不适合采用超声波探伤？ ||||||
| 实训操作： <br> 通过对减速器蜗杆轴进行磁粉探伤，选择相关参数并填写下列磁粉探伤工艺卡。 ||||||
| 产品名称 | | 工件规格 | | 材料编号 | |
| 检测部位 | | 表面状况 | | 探伤设备 | |
| 检测方法 | | 磁化方法 | | 紫外光照度或工作表面光照度 | |
| 标准试件 | | 磁粉载液 | | 磁悬液配制浓度 | |
| 磁悬液施加方法 | | 电流种类 | | 周向磁化规范 | |
| 纵向磁化规范 | | 检测方法标准 | | 质量验收等级 | |
| 不允许缺陷 ||||||
| 示意草图（磁化示意图） ||||||
| 成绩评定 | 基础能力 | | 操作能力 | | 沟通能力 | | 协作能力 | |
| 任务点评 ||||||
| 操作者 | | 指导教师 | | 日期 | |

**工作日志**

项目二 检修工艺

## 任务六　修复零部件

### 工作任务

### 任务名称：修复损伤的零部件

工作任务单

| 姓名 | | 班级 | | 学号 | |
|---|---|---|---|---|---|

任务准备：
1. 零件变形的校正方法有哪些？
2. 简述在零件修复中能应用的钳工和机械加工法。
3. 简述金属喷焊的原理和特点。
4. 轨道车辆采用的修复工艺有哪些？
5. 选择零件修复工艺的原则是什么？

实训操作：
请依照修复方法补全修复工艺及对象，完成下列任务单。

| 序号 | 修复方法 | 修复工艺 | 修复对象 | 备注 |
|---|---|---|---|---|
| 1 | 钳工和机械加工 | | | |
| 2 | 压力加工法 | | | |
| 3 | 焊修法 | | | |
| 4 | 镀层法 | | | |

| 成绩评定 | 基础能力 | | 操作能力 | | 沟通能力 | | 协作能力 | |
|---|---|---|---|---|---|---|---|---|

| 任务点评 | |
|---|---|

| 操作者 | | 指导教师 | | 日期 | |
|---|---|---|---|---|---|

**工作日志**

# 项目三  检修设施与设备

## 任务一  选择轨道车辆检修常用工具

**工作任务**

**任务名称：制定轨道车辆检修工具的使用管理制度**

工作任务单

| 姓名 | | 班级 | | 学号 | |
|---|---|---|---|---|---|

任务准备：
1. 轨道车辆检修常用工具有哪些？
2. 游标万能角度尺适用于检修哪些内容？
3. 轨道车辆检修常用工具选择的标准是什么？
4. 轨道车辆检修常用工具的使用步骤是什么？

实训操作：
请完成轨道车辆检修工具的使用管理制度的制定，并正确填写流程表。

| 序 号 | 项 目 | 内 容 | 质量标准 | 备 注 |
|---|---|---|---|---|
| 1 | 出库 | | | |
| 2 | 入库 | | | |
| 3 | 不可修复备件定期出库或报废 | | | |
| 4 | 破损工具要定期出库或报废 | | | |
| 5 | 可修复工具 | | | |
| 6 | 个人工具领用 | | | |
| 7 | 个人工具报损 | | | |
| 8 | 材料库领取备件 | | | |

续表

| 成绩评定 | 基础能力 | 操作能力 | 沟通能力 | 协作能力 |
|---|---|---|---|---|
|  |  |  |  |  |
| 任务点评 | | | | |
| 操作者 | | 指导教师 | | 日期 | |

### 📝 工作日志

项目三 检修设施与设备

## 任务二 使用轨道车辆检修基础设备

### 工作任务

**任务名称：处理轨道车辆检修基础设备故障**

工作任务单

| 姓名 | | 班级 | | 学号 | |
|---|---|---|---|---|---|
| 任务准备： 1. 轨道车辆检修基础设备有哪些？ 2. 轨道车辆检修基础设备的使用方法是什么？ 3. 轨道车辆检修基础设备的使用注意事项有哪些？ 4. 轨道车辆检修基础设备使用前要做哪些准备？ ||||||
| 实训操作： 请完成轨道车辆检修基础设备的故障记录，并正确填写下表。 ||||||

| 序号 | 项目 | 内容 | 质量标准 | 备注 |
|---|---|---|---|---|
| 1 | 故障发生时的情况 | | | |
| 2 | 故障发生的频繁程度 | | | |
| 3 | 故障的规律性 | | | |
| 4 | 故障时的外界条件 | | | |

| 成绩评定 | 基础能力 | | 操作能力 | | 沟通能力 | | 协作能力 | |
|---|---|---|---|---|---|---|---|---|
| 任务点评 | | | | | | | | |
| 操作者 | | 指导教师 | | | 日期 | | | |

### 工作日志

## 任务三　操作轨道车辆检修专用设备

### 工作任务

**任务名称：制定叉车维护和保养工序**

工作任务单

| 姓名 | | 班级 | | 学号 | |
|---|---|---|---|---|---|
| 任务准备：<br>1. 叉车的维护和保养步骤。<br>2. 叉车保养注意事项。<br>3. 叉车维护和保养周期。 ||||||
| 实训操作：<br>请制定叉车的维护和保养工序，并正确填写下表。 ||||||

| 序号 | 保养项目 | 保养周期 | 保养内容 | 保养步骤 | 备注 |
|---|---|---|---|---|---|
| 1 | 发动机 | | | | |
| 2 | 变速器 | | | | |
| 3 | 制动装置 | | | | |
| 4 | 水箱 | | | | |

| 成绩评定 | 基础能力 | 操作能力 | 沟通能力 | 协作能力 |
|---|---|---|---|---|
| | | | | |
| 任务点评 |||||
| 操作者 | | 指导教师 | | 日期 | |

📝 **工作日志**

## 任务四 识别轨道车辆检修基础设施

### 工作任务

**任务名称：编写停车场生产作业规程**

工作任务单

| 姓名 | | 班级 | | 学号 | |
|---|---|---|---|---|---|
| 任务准备： | | | | | |
| 1. 简述轨道车辆检修基地的分类及功能。 | | | | | |
| 2. 简述配属车辆数的计算方法。 | | | | | |
| 3. 轨道车辆检修基地包括哪些主要线路？ | | | | | |
| 4. 简述对停车库、车间建筑的一般要求。 | | | | | |
| 实训操作： | | | | | |
| 请编写停车场生产作业规程，并正确填写下表。 | | | | | |

| 序 号 | 项 目 | 内 容 | 备 注 |
|---|---|---|---|
| 1 | 列检作业 | | |
| 2 | 临时架修 | | |
| 3 | 定修和定期维护保养 | | |
| 4 | 架修和大修 | | |
| 5 | 车场作业 | | |
| 6 | 停/送电 | | |
| 7 | 上线调试作业 | | |

| 成绩评定 | 基础能力 | 操作能力 | 沟通能力 | 协作能力 |
|---|---|---|---|---|
| | | | | |
| 任务点评 | | | | |
| 操作者 | | 指导教师 | | 日期 | |

工作日志

# 项目四　轨道车辆检修修程

## 任务一　轨道车辆日常检修

 工作任务

**任务名称：** 轨道车辆日常检修

工作任务单

| 姓名 | | 班级 | | 学号 | |
|---|---|---|---|---|---|

**任务准备：**
1. 轨道车辆日检的内容有哪些？
2. 轨道车辆月检的内容有哪些？
3. 简述轨道车辆日常检修的分类及划分标准。
4. 简述轨道车辆日常检修的原则。
5. 轨道车辆日常检修常用工具有哪些？

**实训操作：**
请以地铁车辆为原型，完成地铁车辆驾驶台日检工作，并设计日检记录表。

| 序　号 | 检修项目 | 检修标准 | 检查结果 | 故障描述 |
|---|---|---|---|---|
| 1 | 紧固螺钉 | | | |
| 2 | 开关、按钮 | | | |
| 3 | 受电弓功能 | | | |
| 4 | 指示灯 | | | |
| 5 | 仪表 | | | |
| 6 | 驾驶控制器 | | | |
| 7 | 紧急制动按钮 | | | |
| 8 | 电笛 | | | |
| 9 | 应急通风 | | | |
| 10 | 人机交互屏 | | | |

续表

| 成绩评定 | 基础能力 | 操作能力 | 沟通能力 | 协作能力 |
|---|---|---|---|---|
|  |  |  |  |  |
| 任务点评 | | | | |
| 操作者 | | 指导教师 | | 日期 | |

### 📝 工作日志

项目四 轨道车辆检修修程

## 任务二 轨道车辆定期检修

### 工作任务

### 任务名称：轨道车辆定期检修

工作任务单

| 姓名 | | 班级 | | 学号 | |
|---|---|---|---|---|---|

任务准备：
1. 轨道车辆定期检修工作分为哪几个修程？
2. 轨道车辆定修的内容有哪些？
3. 轨道车辆架修的检修项目有哪些？
4. 定期检修中各修程如何划分？
5. 轨道车辆大修周期是多少？

实训操作：
请以地铁车辆为原型，完成地铁车辆贯通道的定修工作，并设计定修记录表。

| 序 号 | 检修项目 | 检修标准 | 检查结果 | 故障描述 |
|---|---|---|---|---|
| 1 | 磨耗件的磨损 | | | |
| 2 | 弹簧 | | | |
| 3 | 金属部件 | | | |
| 4 | 密封条 | | | |
| 5 | 螺钉 | | | |
| 6 | 紧固件、锁紧装置 | | | |
| 7 | 橡胶件 | | | |
| 8 | 棚板、侧护板 | | | |
| 9 | 踏板、渡板 | | | |
| 10 | 内部清洁 | | | |

| 成绩评定 | 基础能力 | 操作能力 | 沟通能力 | 协作能力 |
|---|---|---|---|---|
| | | | | |

| 任务点评 | |
|---|---|

| 操作者 | | 指导教师 | | 日期 | |
|---|---|---|---|---|---|

📝 **工作日志**

## 任务三　轨道车辆临时检修

### 工作任务

**任务名称：轨道车辆临时检修**

工作任务单

| 姓名 | | 班级 | | 学号 | |
|---|---|---|---|---|---|
| 任务准备：<br>1. 轨道车辆临时检修如何认定？<br>2. 如何组织轨道车辆临时检修工作？<br>3. 车门常见哪些临时故障？<br>4. 如何进行轨道车辆故障的统计分析？<br>5. 轨道车辆常见哪些临时故障？ ||||||
| 实训操作：<br>请以轨道车辆为原型，完成空调临时故障的检修并填写检修表。 ||||||

| 序　号 | 故障类型 | 故障现象 | 故障原因 | 检修方法 |
|---|---|---|---|---|
| 1 | 短路 | | | |
| 2 | 缺相 | | | |
| 3 | 反相 | | | |
| 4 | 过电流 | | | |
| 5 | 高、低压开关动作 | | | |
| 6 | 温度传感器 | | | |
| 7 | 继电器 | | | |

| 成绩评定 | 基础能力 | 操作能力 | 沟通能力 | 协作能力 |
|---|---|---|---|---|
| | | | | |

| 任务点评 | |
|---|---|

| 操作者 | | 指导教师 | | 日期 | |
|---|---|---|---|---|---|

**工作日志**

# 项目五　机械部件检修

## 任务一　检修车体

### 工作任务

**任务名称：检修车体**

工作任务单

| 姓名 | | 班级 | | 学号 | |
|---|---|---|---|---|---|

**任务准备：**
1. 车体的检修内容有哪些？
2. 贯通道的检修内容有哪些？
3. 车体试验的标准是什么？
4. 车体油漆步骤是什么？
5. 车体变形的检修方法是什么？

**实训操作：**
请以轨道车辆为原型，完成车体外观检修，并正确填写检修表。

| 序号 | 检修项目 | 检修内容 | 质量标准 | 备注 |
|---|---|---|---|---|
| 1 | 工具 | | | |
| 2 | 车体模块 | | | |
| 3 | 车体下边缘 | | | |
| 4 | 软连接 | | | |
| 5 | 横梁两端距轨面高度 | | | |
| 6 | 车门口距轨面高度 | | | |
| 7 | 动车底梁距轨面高度 | | | |
| 8 | 拖车底梁距轨面高度 | | | |

续表

| 成绩评定 | 基础能力 | 操作能力 | 沟通能力 | 协作能力 |
|---|---|---|---|---|
| 任务点评 | | | | |
| 操作者 | | 指导教师 | | 日期 | |

### 工作日志

## 任务二 检修车门

### 工作任务

**任务名称：检修塞拉门**

工作任务单

| 姓名 | | 班级 | | 学号 | |
|---|---|---|---|---|---|

任务准备：
1. 车门检修的项目有哪些？
2. 车门"V"形调整方法是什么？
3. 紧急疏散门的检修项目有哪些？
4. 车门调整前要做哪些准备？
5. 车门平行度的调整方法是什么？

实训操作：
请以轨道车辆为原型，完成车门日常检修，并正确填写检修表。

| 序号 | 检修项目 | 检修内容 | 质量标准 | 备注 |
|---|---|---|---|---|
| 1 | 工具 | | | |
| 2 | 连接螺栓 | | | |
| 3 | 导轨 | | | |
| 4 | 齿带 | | | |
| 5 | 滚轮 | | | |
| 6 | 隔离锁 | | | |
| 7 | 旋转立柱 | | | |
| 8 | 侧密封框 | | | |
| 9 | 导向杆上部导轨 | | | |
| 10 | 车门调整 | | | |

续表

| 成绩评定 | 基础能力 | 操作能力 | 沟通能力 | 协作能力 |
|---|---|---|---|---|
| 任务点评 | | | | |
| 操作者 | | 指导教师 | | 日期 | |

## 📝 工作日志

## 任务三　检修车钩

### 工作任务

**任务名称：检修车钩**

工作任务单

| 姓名 | | 班级 | | 学号 | |
|---|---|---|---|---|---|
| 任务准备： 1. 车钩钩头检修的内容有哪些？ 2. 钩尾冲击座检修内容有哪些？ 3. 车钩哪些部位需要探伤？ 4. 缓冲装置的检修方法是什么？ 5. 车钩如何进行连挂和解钩？ ||||||
| 实训操作： 请以轨道车辆为原型，完成国产密接式车钩检修，并正确填写检修表。 ||||||

| 序　号 | 检修项目 | 检修内容 | 质量标准 | 备注 |
|---|---|---|---|---|
| 1 | 工具 | | | |
| 2 | 车钩距轨面高度 | | | |
| 3 | 所有螺栓 | | | |
| 4 | 钩头表面 | | | |
| 5 | 车钩外表面 | | | |
| 6 | 车钩运行动作 | | | |
| 7 | 车钩运行声音 | | | |
| 8 | 钩腔 | | | |
| 9 | 橡胶部件 | | | |

| 成绩评定 | 基础能力 | | 操作能力 | | 沟通能力 | | 协作能力 | |
|---|---|---|---|---|---|---|---|---|
| 任务点评 ||||||||||
| 操作者 | | 指导教师 | | 日期 | |

📝 **工作日志**

## 任务四　检修转向架

### 工作任务

**任务名称：检修转向架**

工作任务单

| 姓名 | | 班级 | | 学号 | |
|---|---|---|---|---|---|
| 任务准备：<br>1. 车轮的损伤形式有哪些？<br>2. 构架的检修内容有哪些？<br>3. 转向架组织的内容有哪些？<br>4. 空气弹簧的检修内容有哪些？<br>5. 转向架台架试验内容是什么？ ||||||
| 实训操作：<br>请以轨道车辆为原型，完成转向架检修，并正确填写检修表。 ||||||

| 序号 | 检修项目 | 检修内容 | 质量标准 | 备注 |
|---|---|---|---|---|
| 1 | 工具 | | | |
| 2 | 一系橡胶弹簧 | | | |
| 3 | 所有螺栓 | | | |
| 4 | 旁承与车体间隙 | | | |
| 5 | 动/拖车二系间隙 | | | |
| 6 | 动/拖车限位橡胶 | | | |
| 7 | 二系钢弹簧 | | | |
| 8 | 减振器 | | | |
| 9 | 动/拖车横向止挡间隙 | | | |
| 10 | 橡胶块 | | | |
| 11 | 开口销 | | | |
| 12 | 车轮 | | | |
| 13 | 轮缘厚度 | | | |
| 14 | 踏面 | | | |

续表

| 成绩评定 | 基础能力 | 操作能力 | 沟通能力 | 协作能力 |
|---|---|---|---|---|
|  |  |  |  |  |
| 任务点评 | | | | |
| 操作者 | | 指导教师 | | 日期 | |

## 工作日志

## 任务五　检修制动系统

### 工作任务

**任务名称：检修制动系统**

工作任务单

| 姓名 | | 班级 | | 学号 | |
|---|---|---|---|---|---|
| 任务准备： | | | | | |

任务准备：
1. 制动系统检修项目有哪些？
2. 空气压缩机如何拆装？
3. 制动系统常见损伤有哪些？
4. 制动控制单元检修内容有哪些？
5. 单元制动器如何检修？

实训操作：
请以轨道车辆为原型，完成基础制动装置日常检修，并正确填写检修表。

| 序号 | 检修项目 | 检修内容 | 质量标准 | 备注 |
|---|---|---|---|---|
| 1 | 工具 | | | |
| 2 | 制动盘表面 | | | |
| 3 | 制动盘厚度 | | | |
| 4 | 制动盘紧固螺栓及开口销 | | | |
| 5 | 制动盘开口销 | | | |
| 6 | 放松位移线 | | | |
| 7 | 制动闸瓦厚度 | | | |
| 8 | 制动闸瓦状态 | | | |

| 成绩评定 | 基础能力 | | 操作能力 | | 沟通能力 | | 协作能力 | |
|---|---|---|---|---|---|---|---|---|
| 任务点评 | | | | | | | | |
| 操作者 | | | 指导教师 | | | 日期 | | |

📝 **工作日志**

# 项目六　电气部件检修

## 任务一　检修牵引逆变器

### 工作任务

**任务名称：检修牵引逆变器**

工作任务单

| 姓名 | | 班级 | | 学号 | |
|---|---|---|---|---|---|

**任务准备：**
1. 牵引逆变器的作用是什么？
2. 牵引逆变器都有哪些主要参数？
3. 牵引逆变器的主要组成部分有哪些？

**实训操作：**
根据给出的牵引逆变器的标准作业流程，进行牵引逆变器状况检查并将结果填入下表。

| 序号 | 检修项目 | 检修内容 | 质量标准 | 备注 |
|---|---|---|---|---|
| 1 | 工具 | | | |
| 2 | 箱体 | | | |
| 3 | 吊挂螺栓 | | | |
| 4 | 接地线 | | | |
| 5 | 电阻单元 | | | |
| 6 | 线缆 | | | |
| 7 | 箱体出线 | | | |
| 8 | 把手 | | | |

续表

| 成绩评定 | 基础能力 | | 操作能力 | | 沟通能力 | | 协作能力 | |
|---|---|---|---|---|---|---|---|---|
| 任务点评 | | | | | | | | |
| 操作者 | | | 指导教师 | | | | 日期 | |

### 📝 工作日志

---

---

---

---

## 任务二　检修辅助逆变器

### 工作任务

**任务名称：检修辅助逆变器**

工作任务单

| 姓名 | | 班级 | | 学号 | |
|---|---|---|---|---|---|
| 任务准备：<br>1. 简述轨道车辆辅助逆变器的结构及用途。<br>2. 辅助逆变器有哪几种运行模式？<br>3. 辅助逆变器为哪些设备供电？<br>4. 简述辅助逆变器的拆装步骤。<br>5. 在对辅助逆变器进行检修时有哪些注意事项？ ||||||
| 实训操作：<br>根据给出的辅助逆变器检修程序，进行技术状况检查并在下表中填写检修内容和结果。 ||||||

| 序　号 | 检修项目 | 检修内容 | 质量标准 | 备　注 |
|---|---|---|---|---|
| 1 | 工具 | | | |
| 2 | 箱体外观、吊挂件、紧固件状态 | | | |
| 3 | 连接器、格兰头接地线状态 | | | |
| 4 | 输入/输出接触器控制开关装置 | | | |
| 5 | 电气连接 | | | |
| 6 | 变压器及扼流线圈 | | | |
| 7 | 进风口 | | | |
| 8 | 辅助逆变器内部 | | | |
| 9 | 辅助逆变器风道、散热片 | | | |
| 10 | 应急电池 | | | |

续表

| 成绩评定 | 基础能力 | | 操作能力 | | 沟通能力 | | 协作能力 | |
|---|---|---|---|---|---|---|---|---|
| 任务点评 | | | | | | | | |
| 操作者 | | | 指导教师 | | | | 日期 | |

### 📝 工作日志

## 任务三　检修牵引电动机

### 工作任务

**任务名称：检修牵引电动机**

工作任务单

| 姓名 | | 班级 | | 学号 | |
|---|---|---|---|---|---|
| 任务准备：<br>1. 牵引电动机由哪几部分组成？<br>2. 牵引电动机在轨道车辆上有什么作用？<br>3. 牵引电动机是如何将电能转化成动能的？<br>4. 简述牵引电动机的检修内容。<br>5. 牵引电动机检修完毕后要做哪些试验？ ||||||
| 实训操作：<br>根据给出的牵引电动机检修程序，进行技术状况检查并填写下表。 ||||||

| 序　号 | 检修项目 | 检修内容 | 质量标准 | 备　注 |
|---|---|---|---|---|
| 1 | 工具 | | | |
| 2 | 牵引电动机外观 | | | |
| 3 | 牵引电动机轴承 | | | |
| 4 | 绝缘电阻 | | | |
| 5 | 牵引电动机紧固件 | | | |
| 6 | 牵引电动机速度传感器 | | | |

| 成绩评定 | 基础能力 | | 操作能力 | | 沟通能力 | | 协作能力 | |
|---|---|---|---|---|---|---|---|---|
| 任务点评 ||||||||
| 操作者 | | 指导教师 | | 日期 | |

**工作日志**

## 任务四　检修受流装置

### 工作任务

**任务名称：检修受电弓**

工作任务单

| 姓名 | | 班级 | | 学号 | |
|---|---|---|---|---|---|

**任务准备：**
1. 轨道车辆的受流装置有几种类型？分别对应什么样的供电方式？
2. 受电弓的主要结构包括哪几部分？各有什么作用？
3. 简述受电弓的升/降弓过程。
4. 简述集电靴的结构。
5. 简述受电弓的维修调试内容。

**实训操作：**
根据给出的受电弓检修程序，进行技术状况检查并填写下表。

| 序　号 | 检修项目 | 检修内容 | 质量标准 | 备注 |
|---|---|---|---|---|
| 1 | 工具 | | | |
| 2 | 受电弓拆解 | | | |
| 3 | 安全锁 | | | |
| 4 | 更换止挡 | | | |
| 5 | 绝缘子 | | | |
| 6 | 碳滑板 | | | |
| 7 | 紧固件 | | | |
| 8 | 轴承 | | | |

| 成绩评定 | 基础能力 | 操作能力 | 沟通能力 | 协作能力 |
|---|---|---|---|---|
| | | | | |

| 任务点评 | |
|---|---|

| 操作者 | | 指导教师 | | 日期 | |
|---|---|---|---|---|---|

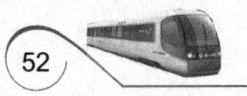

📝 **工作日志**

项目六　电气部件检修

## 任务五　检修制动电阻器

### 工作任务

**任务名称：检修制动电阻器**

工作任务单

| 姓名 | | 班级 | | 学号 | |
|---|---|---|---|---|---|

**任务准备：**
1. 制动电阻器的作用是什么？
2. 简述制动电阻器的结构。
3. 制动电阻器的主要参数有哪些？
4. 简述制动电阻器的日常检修项目。

**实训操作：**
根据给出的制动电阻器标准检修流程，检修制动电阻器并将检修结果填入下表。

| 序号 | 检修项目 | 检修内容 | 质量标准 | 备注 |
|---|---|---|---|---|
| 1 | 工具 | | | |
| 2 | 箱体外观 | | | |
| 3 | 线缆 | | | |
| 4 | 接线箱 | | | |
| 5 | 箱体吊挂 | | | |
| 6 | 电阻带 | | | |
| 7 | 箱内螺栓 | | | |
| 8 | 隔热护板 | | | |
| 9 | 接地线 | | | |
| 10 | 金属网 | | | |

续表

| 成绩评定 | 基础能力 | 操作能力 | 沟通能力 | 协作能力 |
|---|---|---|---|---|
|  |  |  |  |  |

| 任务点评 | | | | |
|---|---|---|---|---|
| 操作者 | | 指导教师 | | 日期 | |

**工作日志**

## 任务六　检修空调

### 工作任务

**任务名称：检修空调**

工作任务单

| 姓名 | | 班级 | | 学号 | |
|---|---|---|---|---|---|
| 任务准备：<br>1. 空调的常见故障有哪些？<br>2. 空调制冷不足的原因是什么？<br>3. 如何加注制冷剂？<br>4. 如何检查制冷剂泄漏？<br>5. 空调系统故障检测方法有哪些？ ||||||
| 实训操作：<br>请以轨道车辆为原型，完成空调的日常检修，并将检修结果填入下表。 ||||||

| 序号 | 检修项目 | 检修内容 | 质量标准 | 备注 |
|---|---|---|---|---|
| 1 | 工具 | | | |
| 2 | 空调机组壳体 | | | |
| 3 | 紧固件 | | | |
| 4 | 保温材料 | | | |
| 5 | 冷凝器 | | | |
| 6 | 冷凝风扇 | | | |
| 7 | 压缩机 | | | |
| 8 | 制冷系统 | | | |
| 9 | 蒸发器 | | | |
| 10 | 储液筒 | | | |
| 11 | 视液器 | | | |
| 12 | 电磁阀 | | | |
| 13 | 新风、回风缸及挡板 | | | |
| 14 | 过渡连接软风道 | | | |
| 15 | 温度传感器 | | | |
| 16 | 总成阀 | | | |
| 17 | 驾驶室通风机 | | | |
| 18 | 驾驶室出风调节口 | | | |
| 19 | 空调机组电缆及接线盒 | | | |
| 20 | 接地线 | | | |
| 21 | 主要部件功能 | | | |

续表

| 成绩评定 | 基础能力 | 操作能力 | 沟通能力 | 协作能力 |
|---|---|---|---|---|
| 任务点评 | | | | |
| 操作者 | | 指导教师 | | 日期 | |

### 工作日志

参考答案

## 职业教育 城市轨道交通 专业教材

城市轨道交通概论（第2版）
城市轨道交通运输设备（第2版）
城市轨道交通车站设备
城市轨道交通客运组织
城市轨道交通行车组织
城市轨道交通车辆运用
城市轨道交通票务组织
城市轨道交通车站客运组织与服务
城市轨道交通供电系统
城市轨道交通车辆制动系统检修与维护
城市轨道交通线路与站场
城市轨道交通信号设备
城市轨道交通安全管理
城市轨道交通专业英语（运营管理方向）
● 轨道车辆检修

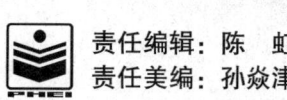

责任编辑：陈 虹
责任美编：孙焱津

ISBN 978-7-121-46767-7

定价：59.00元